The Los Angeles Lakers Suck:
The Honest Truth about the Lakers
By: Jim Smith

Prologue: A History

The Lakers Suck. The Lakers Suck. The Lakers Suck. The
Lakers Suck. The Lakers Suck. The Lakers Suck. The Lakers
Suck. The Lakers Suck. The Lakers Suck. The Lakers Suck. The
Lakers Suck. The Lakers Suck. The Lakers Suck. The Lakers
Suck. The Lakers Suck. The Lakers Suck. The Lakers Suck. The
Lakers Suck. The Lakers Suck. The Lakers Suck. The Lakers
Suck. The Lakers Suck. The Lakers Suck. The Lakers Suck. The
Lakers Suck. The Lakers Suck. The Lakers Suck. The Lakers
Suck. The Lakers Suck. The Lakers Suck. The Lakers Suck. The
Lakers Suck. The Lakers Suck. The Lakers Suck. The Lakers
Suck. The Lakers Suck. The Lakers Suck. The Lakers Suck. The
Lakers Suck. The Lakers Suck. The Lakers Suck. The Lakers
Suck. The Lakers Suck. The Lakers Suck. The Lakers Suck. The
Lakers Suck. The Lakers Suck. The Lakers Suck. The Lakers
Suck. The Lakers Suck. The Lakers Suck. The Lakers Suck. The
Lakers Suck. The Lakers Suck. The Lakers Suck. The Lakers
Suck. The Lakers Suck. The Lakers Suck. The Lakers Suck. The
Lakers Suck. The Lakers Suck. The Lakers Suck. The Lakers
Suck. The Lakers Suck. The Lakers Suck. The Lakers Suck. The
Lakers Suck. The Lakers Suck. The Lakers Suck. The Lakers
Suck. The Lakers Suck. The Lakers Suck. The Lakers Suck. The
Lakers Suck. The Lakers Suck. The Lakers Suck. The Lakers
Suck. The Lakers Suck. The Lakers Suck. The Lakers Suck. The
Lakers Suck. The Lakers Suck. The Lakers Suck. The Lakers
Suck. The Lakers Suck. The Lakers Suck. The Lakers Suck. The
Lakers Suck. The Lakers Suck. The Lakers Suck. The Lakers
Suck. The Lakers Suck. The Lakers Suck. The Lakers Suck. The
Lakers Suck. The Lakers Suck. The Lakers Suck. The Lakers
Suck. The Lakers Suck. The Lakers Suck. The Lakers Suck. The
Lakers Suck. The Lakers Suck. The Lakers Suck. The Lakers
Suck. The Lakers Suck. The Lakers Suck. The Lakers Suck. The
Lakers Suck. The Lakers Suck. The Lakers Suck. The Lakers
Suck. The Lakers Suck. The Lakers Suck. The Lakers Suck. The
Lakers Suck. The Lakers Suck. The Lakers Suck. The Lakers

Suck. The Lakers Suck. The Lakers

Suck. The Lakers Suck. The Lakers

Suck. The Lakers Suck.

Chapter 1: The Lakers Suck

The Lakers Suck. The Lakers Suck. The Lakers Suck. The
Lakers Suck. The Lakers Suck. The Lakers Suck. The Lakers
Suck. The Lakers Suck. The Lakers Suck. The Lakers Suck. The
Lakers Suck. The Lakers Suck. The Lakers Suck. The Lakers
Suck. The Lakers Suck. The Lakers Suck. The Lakers Suck. The
Lakers Suck. The Lakers Suck. The Lakers Suck. The Lakers
Suck. The Lakers Suck. The Lakers Suck. The Lakers Suck. The
Lakers Suck. The Lakers Suck. The Lakers Suck. The Lakers
Suck. The Lakers Suck. The Lakers Suck. The Lakers Suck. The
Lakers Suck. The Lakers Suck. The Lakers Suck. The Lakers
Suck. The Lakers Suck. The Lakers Suck. The Lakers Suck. The
Lakers Suck. The Lakers Suck. The Lakers Suck. The Lakers
Suck. The Lakers Suck. The Lakers Suck. The Lakers Suck. The
Lakers Suck. The Lakers Suck. The Lakers Suck. The Lakers
Suck. The Lakers Suck. The Lakers Suck. The Lakers Suck. The
Lakers Suck. The Lakers Suck. The Lakers Suck. The Lakers
Suck. The Lakers Suck. The Lakers Suck. The Lakers Suck. The
Lakers Suck. The Lakers Suck. The Lakers Suck. The Lakers
Suck. The Lakers Suck. The Lakers Suck. The Lakers Suck. The
Lakers Suck. The Lakers Suck. The Lakers Suck. The Lakers
Suck. The Lakers Suck. The Lakers Suck. The Lakers Suck. The
Lakers Suck. The Lakers Suck. The Lakers Suck. The Lakers
Suck. The Lakers Suck. The Lakers Suck. The Lakers Suck. The
Lakers Suck. The Lakers Suck. The Lakers Suck. The Lakers
Suck. The Lakers Suck. The Lakers Suck. The Lakers Suck. The
Lakers Suck. The Lakers Suck. The Lakers Suck. The Lakers
Suck. The Lakers Suck. The Lakers Suck. The Lakers Suck. The
Lakers Suck. The Lakers Suck. The Lakers Suck. The Lakers
Suck. The Lakers Suck. The Lakers Suck. The Lakers Suck. The
Lakers Suck. The Lakers Suck. The Lakers Suck. The Lakers
Suck. The Lakers Suck. The Lakers Suck. The Lakers Suck. The
Lakers Suck. The Lakers Suck. The Lakers Suck. The Lakers
Suck. The Lakers Suck. The Lakers Suck. The Lakers Suck. The
Lakers Suck. The Lakers Suck. The Lakers Suck. The Lakers

Suck. The Lakers Suck. The Lakers

Suck. The Lakers Suck. The Lakers Suck. The Lakers Suck. The
Lakers Suck. The Lakers Suck. The Lakers Suck. The Lakers
Suck. The Lakers Suck. The Lakers Suck. The Lakers Suck. The
Lakers Suck. The Lakers Suck. The Lakers Suck. The Lakers
Suck. The Lakers Suck. The Lakers Suck. The Lakers Suck. The
Lakers Suck. The Lakers Suck. The Lakers Suck. The Lakers
Suck. The Lakers Suck. The Lakers Suck. The Lakers Suck. The
Lakers Suck. The Lakers Suck. The Lakers Suck. The Lakers
Suck. The Lakers Suck. The Lakers Suck. The Lakers Suck. The
Lakers Suck. The Lakers Suck. The Lakers Suck. The Lakers
Suck. The Lakers Suck. The Lakers Suck. The Lakers Suck. The
Lakers Suck. The Lakers Suck. The Lakers Suck. The Lakers
Suck. The Lakers Suck. The Lakers Suck. The Lakers Suck. The
Lakers Suck. The Lakers Suck. The Lakers Suck. The Lakers
Suck. The Lakers Suck. The Lakers Suck. The Lakers Suck. The
Lakers Suck. The Lakers Suck. The Lakers Suck. The Lakers
Suck. The Lakers Suck. The Lakers Suck. The Lakers Suck. The
Lakers Suck. The Lakers Suck. The Lakers Suck. The Lakers
Suck. The Lakers Suck. The Lakers Suck. The Lakers Suck. The
Lakers Suck. The Lakers Suck. The Lakers Suck. The Lakers
Suck. The Lakers Suck. The Lakers Suck. The Lakers Suck. The
Lakers Suck. The Lakers Suck. The Lakers Suck. The Lakers
Suck. The Lakers Suck. The Lakers Suck. The Lakers Suck. The
Lakers Suck. The Lakers Suck. The Lakers Suck. The Lakers
Suck. The Lakers Suck. The Lakers Suck. The Lakers Suck. The
Lakers Suck. The Lakers Suck. The Lakers Suck. The Lakers
Suck. The Lakers Suck. The Lakers Suck. The Lakers Suck. The
Lakers Suck. The Lakers Suck. The Lakers Suck. The Lakers
Suck. The Lakers Suck. The Lakers Suck. The Lakers Suck. The
Lakers Suck. The Lakers Suck. The Lakers Suck. The Lakers
Suck. The Lakers Suck. The Lakers Suck. The Lakers Suck. The
Lakers Suck. The Lakers Suck. The Lakers Suck. The Lakers
Suck. The Lakers Suck. The Lakers Suck. The Lakers Suck. The
Lakers Suck. The Lakers Suck. The Lakers Suck. The Lakers

Suck. The Lakers Suck. The Lakers

Suck. The Lakers Suck. The Lakers Suck. The Lakers Suck. The
Lakers Suck. The Lakers Suck. The Lakers Suck. The Lakers
Suck. The Lakers Suck. The Lakers Suck. The Lakers Suck. The
Lakers Suck. The Lakers Suck. The Lakers Suck. The Lakers
Suck. The Lakers Suck. The Lakers Suck. The Lakers Suck. The
Lakers Suck. The Lakers Suck. The Lakers Suck. The Lakers
Suck. The Lakers Suck. The Lakers Suck. The Lakers Suck. The
Lakers Suck. The Lakers Suck. The Lakers Suck. The Lakers
Suck. The Lakers Suck. The Lakers Suck. The Lakers Suck. The
Lakers Suck. The Lakers Suck. The Lakers Suck. The Lakers
Suck. The Lakers Suck. The Lakers Suck. The Lakers Suck. The
Lakers Suck. The Lakers Suck. The Lakers Suck. The Lakers
Suck. The Lakers Suck. The Lakers Suck. The Lakers Suck. The
Lakers Suck. The Lakers Suck. The Lakers Suck. The Lakers
Suck. The Lakers Suck. The Lakers Suck. The Lakers Suck. The
Lakers Suck. The Lakers Suck. The Lakers Suck. The Lakers
Suck. The Lakers Suck. The Lakers Suck. The Lakers Suck. The
Lakers Suck. The Lakers Suck. The Lakers Suck. The Lakers
Suck. The Lakers Suck. The Lakers Suck. The Lakers Suck. The
Lakers Suck. The Lakers Suck. The Lakers Suck. The Lakers
Suck. The Lakers Suck. The Lakers Suck. The Lakers Suck. The
Lakers Suck. The Lakers Suck. The Lakers Suck. The Lakers
Suck. The Lakers Suck. The Lakers Suck. The Lakers Suck. The
Lakers Suck. The Lakers Suck. The Lakers Suck. The Lakers
Suck. The Lakers Suck. The Lakers Suck. The Lakers Suck. The
Lakers Suck. The Lakers Suck. The Lakers Suck. The Lakers
Suck. The Lakers Suck. The Lakers Suck. The Lakers Suck. The
Lakers Suck. The Lakers Suck. The Lakers Suck. The Lakers
Suck. The Lakers Suck. The Lakers Suck. The Lakers Suck. The
Lakers Suck. The Lakers Suck. The Lakers Suck. The Lakers
Suck. The Lakers Suck. The Lakers Suck. The Lakers Suck. The
Lakers Suck. The Lakers Suck. The Lakers Suck. The Lakers
Suck. The Lakers Suck. The Lakers Suck. The Lakers Suck. The
Lakers Suck. The Lakers Suck. The Lakers Suck. The Lakers

Suck. The Lakers Suck. The Lakers Suck. The Lakers Suck. The
Lakers Suck. The Lakers Suck. The Lakers Suck. The Lakers
Suck. The Lakers Suck. The Lakers Suck. The Lakers Suck. The
Lakers Suck. The Lakers Suck. The Lakers Suck. The Lakers
Suck. The Lakers Suck. The Lakers Suck. The Lakers Suck. The
Lakers Suck. The Lakers Suck. The Lakers Suck. The Lakers
Suck. The Lakers Suck. The Lakers Suck. The Lakers Suck. The
Lakers Suck. The Lakers Suck. The Lakers Suck. The Lakers
Suck. The Lakers Suck. The Lakers Suck. The Lakers Suck. The
Lakers Suck. The Lakers Suck. The Lakers Suck. The Lakers
Suck. The Lakers Suck. The Lakers Suck. The Lakers Suck. The
Lakers Suck. The Lakers Suck. The Lakers Suck. The Lakers
Suck. The Lakers Suck. The Lakers Suck. The Lakers Suck. The
Lakers Suck. The Lakers Suck. The Lakers Suck. The Lakers
Suck. The Lakers Suck. The Lakers Suck. The Lakers Suck. The
Lakers Suck. The Lakers Suck. The Lakers Suck. The Lakers
Suck. The Lakers Suck. The Lakers Suck. The Lakers Suck. The
Lakers Suck. The Lakers Suck. The Lakers Suck. The Lakers
Suck. The Lakers Suck. The Lakers Suck. The Lakers Suck. The
Lakers Suck. The Lakers Suck. The Lakers Suck. The Lakers
Suck. The Lakers Suck. The Lakers Suck. The Lakers Suck. The
Lakers Suck. The Lakers Suck. The Lakers Suck. The Lakers
Suck. The Lakers Suck. The Lakers Suck. The Lakers Suck. The
Lakers Suck. The Lakers Suck. The Lakers Suck. The Lakers
Suck. The Lakers Suck. The Lakers Suck. The Lakers Suck. The
Lakers Suck. The Lakers Suck. The Lakers Suck. The Lakers
Suck. The Lakers Suck. The Lakers Suck. The Lakers Suck. The
Lakers Suck. The Lakers Suck. The Lakers Suck. The Lakers
Suck. The Lakers Suck. The Lakers Suck. The Lakers Suck. The
Lakers Suck. The Lakers Suck. The Lakers Suck. The Lakers
Suck. The Lakers Suck. The Lakers Suck. The Lakers Suck. The
Lakers Suck. The Lakers Suck. The Lakers Suck. The Lakers
Suck. The Lakers Suck. The Lakers Suck. The Lakers Suck. The
Lakers Suck. The Lakers Suck. The Lakers Suck. The Lakers

Suck. The Lakers Suck.

Chapter 2: Do the Lakers Still Suck?

The Lakers Suck. The Lakers

Suck. The Lakers Suck. The Lakers

Suck. The Lakers Suck. The Lakers

Suck. The Lakers Suck. The Lakers Suck. The Lakers Suck. The
Lakers Suck. The Lakers Suck. The Lakers Suck. The Lakers
Suck. The Lakers Suck. The Lakers Suck. The Lakers Suck. The
Lakers Suck. The Lakers Suck. The Lakers Suck. The Lakers
Suck. The Lakers Suck. The Lakers Suck. The Lakers Suck. The
Lakers Suck. The Lakers Suck. The Lakers Suck. The Lakers
Suck. The Lakers Suck. The Lakers Suck. The Lakers Suck. The
Lakers Suck. The Lakers Suck. The Lakers Suck. The Lakers
Suck. The Lakers Suck. The Lakers Suck. The Lakers Suck. The
Lakers Suck. The Lakers Suck. The Lakers Suck. The Lakers
Suck. The Lakers Suck. The Lakers Suck. The Lakers Suck. The
Lakers Suck. The Lakers Suck. The Lakers Suck. The Lakers
Suck. The Lakers Suck. The Lakers Suck. The Lakers Suck. The
Lakers Suck. The Lakers Suck. The Lakers Suck. The Lakers
Suck. The Lakers Suck. The Lakers Suck. The Lakers Suck. The
Lakers Suck. The Lakers Suck. The Lakers Suck. The Lakers
Suck. The Lakers Suck. The Lakers Suck. The Lakers Suck. The
Lakers Suck. The Lakers Suck. The Lakers Suck. The Lakers
Suck. The Lakers Suck. The Lakers Suck. The Lakers Suck. The
Lakers Suck. The Lakers Suck. The Lakers Suck. The Lakers
Suck. The Lakers Suck. The Lakers Suck. The Lakers Suck. The
Lakers Suck. The Lakers Suck. The Lakers Suck. The Lakers
Suck. The Lakers Suck. The Lakers Suck. The Lakers Suck. The
Lakers Suck. The Lakers Suck. The Lakers Suck. The Lakers
Suck. The Lakers Suck. The Lakers Suck. The Lakers Suck. The
Lakers Suck. The Lakers Suck. The Lakers Suck. The Lakers
Suck. The Lakers Suck. The Lakers Suck. The Lakers Suck. The
Lakers Suck. The Lakers Suck. The Lakers Suck. The Lakers
Suck. The Lakers Suck. The Lakers Suck. The Lakers Suck. The
Lakers Suck. The Lakers Suck. The Lakers Suck. The Lakers
Suck. The Lakers Suck. The Lakers Suck. The Lakers Suck. The
Lakers Suck. The Lakers Suck. The Lakers Suck. The Lakers
Suck. The Lakers Suck. The Lakers Suck. The Lakers Suck. The
Lakers Suck. The Lakers Suck. The Lakers Suck. The Lakers

Suck. The Lakers Suck. The Lakers

Suck. The Lakers Suck. The Lakers

Suck. The Lakers Suck. The Lakers

Suck. The Lakers Suck. The Lakers

Suck. The Lakers Suck.

Chapter 3: Still?

The Lakers Suck. The Lakers Suck. The Lakers Suck. The
Lakers Suck. The Lakers Suck. The Lakers Suck. The Lakers
Suck. The Lakers Suck. The Lakers Suck. The Lakers Suck. The
Lakers Suck. The Lakers Suck. The Lakers Suck. The Lakers
Suck. The Lakers Suck. The Lakers Suck. The Lakers Suck. The
Lakers Suck. The Lakers Suck. The Lakers Suck. The Lakers
Suck. The Lakers Suck. The Lakers Suck. The Lakers Suck. The
Lakers Suck. The Lakers Suck. The Lakers Suck. The Lakers
Suck. The Lakers Suck. The Lakers Suck. The Lakers Suck. The
Lakers Suck. The Lakers Suck. The Lakers Suck. The Lakers
Suck. The Lakers Suck. The Lakers Suck. The Lakers Suck. The
Lakers Suck. The Lakers Suck. The Lakers Suck. The Lakers
Suck. The Lakers Suck. The Lakers Suck. The Lakers Suck. The
Lakers Suck. The Lakers Suck. The Lakers Suck. The Lakers
Suck. The Lakers Suck. The Lakers Suck. The Lakers Suck. The
Lakers Suck. The Lakers Suck. The Lakers Suck. The Lakers
Suck. The Lakers Suck. The Lakers Suck. The Lakers Suck. The
Lakers Suck. The Lakers Suck. The Lakers Suck. The Lakers
Suck. The Lakers Suck. The Lakers Suck. The Lakers Suck. The
Lakers Suck. The Lakers Suck. The Lakers Suck. The Lakers
Suck. The Lakers Suck. The Lakers Suck. The Lakers Suck. The
Lakers Suck. The Lakers Suck. The Lakers Suck. The Lakers
Suck. The Lakers Suck. The Lakers Suck. The Lakers Suck. The
Lakers Suck. The Lakers Suck. The Lakers Suck. The Lakers
Suck. The Lakers Suck. The Lakers Suck. The Lakers Suck. The
Lakers Suck. The Lakers Suck. The Lakers Suck. The Lakers
Suck. The Lakers Suck. The Lakers Suck. The Lakers Suck. The
Lakers Suck. The Lakers Suck. The Lakers Suck. The Lakers
Suck. The Lakers Suck. The Lakers Suck. The Lakers Suck. The
Lakers Suck. The Lakers Suck. The Lakers Suck. The Lakers
Suck. The Lakers Suck. The Lakers Suck. The Lakers Suck. The
Lakers Suck. The Lakers Suck. The Lakers Suck. The Lakers

Suck. The Lakers Suck. The Lakers

Suck. The Lakers Suck.

Chapter 4: Always?

The Lakers Suck. The Lakers

Suck. The Lakers Suck. The Lakers

Suck. The Lakers Suck. The Lakers

Suck. The Lakers Suck. The Lakers Suck. The Lakers Suck. The
Lakers Suck. The Lakers Suck. The Lakers Suck. The Lakers
Suck. The Lakers Suck. The Lakers Suck. The Lakers Suck. The
Lakers Suck. The Lakers Suck. The Lakers Suck. The Lakers
Suck. The Lakers Suck. The Lakers Suck. The Lakers Suck. The
Lakers Suck. The Lakers Suck. The Lakers Suck. The Lakers
Suck. The Lakers Suck. The Lakers Suck. The Lakers Suck. The
Lakers Suck. The Lakers Suck. The Lakers Suck. The Lakers
Suck. The Lakers Suck. The Lakers Suck. The Lakers Suck. The
Lakers Suck. The Lakers Suck. The Lakers Suck. The Lakers
Suck. The Lakers Suck. The Lakers Suck. The Lakers Suck. The
Lakers Suck. The Lakers Suck. The Lakers Suck. The Lakers
Suck. The Lakers Suck. The Lakers Suck. The Lakers Suck. The
Lakers Suck. The Lakers Suck. The Lakers Suck. The Lakers
Suck. The Lakers Suck. The Lakers Suck. The Lakers Suck. The
Lakers Suck. The Lakers Suck. The Lakers Suck. The Lakers
Suck. The Lakers Suck. The Lakers Suck. The Lakers Suck. The
Lakers Suck. The Lakers Suck. The Lakers Suck. The Lakers
Suck. The Lakers Suck. The Lakers Suck. The Lakers Suck. The
Lakers Suck. The Lakers Suck. The Lakers Suck. The Lakers
Suck. The Lakers Suck. The Lakers Suck. The Lakers Suck. The
Lakers Suck. The Lakers Suck. The Lakers Suck. The Lakers
Suck. The Lakers Suck. The Lakers Suck. The Lakers Suck. The
Lakers Suck. The Lakers Suck. The Lakers Suck. The Lakers
Suck. The Lakers Suck. The Lakers Suck. The Lakers Suck. The
Lakers Suck. The Lakers Suck. The Lakers Suck. The Lakers
Suck. The Lakers Suck. The Lakers Suck. The Lakers Suck. The
Lakers Suck. The Lakers Suck. The Lakers Suck. The Lakers
Suck. The Lakers Suck. The Lakers Suck. The Lakers Suck. The
Lakers Suck. The Lakers Suck. The Lakers Suck. The Lakers
Suck. The Lakers Suck. The Lakers Suck. The Lakers Suck. The
Lakers Suck. The Lakers Suck. The Lakers Suck. The Lakers
Suck. The Lakers Suck. The Lakers Suck. The Lakers Suck. The
Lakers Suck. The Lakers Suck. The Lakers Suck. The Lakers
Suck. The Lakers Suck. The Lakers Suck. The Lakers Suck. The
Lakers Suck. The Lakers Suck. The Lakers Suck. The Lakers

Suck. The Lakers Suck. The Lakers

Suck. The Lakers Suck. The Lakers Suck. The Lakers Suck. The
Lakers Suck. The Lakers Suck. The Lakers Suck. The Lakers
Suck. The Lakers Suck. The Lakers Suck. The Lakers Suck. The
Lakers Suck. The Lakers Suck. The Lakers Suck. The Lakers
Suck. The Lakers Suck. The Lakers Suck. The Lakers Suck. The
Lakers Suck. The Lakers Suck. The Lakers Suck. The Lakers
Suck. The Lakers Suck. The Lakers Suck. The Lakers Suck. The
Lakers Suck. The Lakers Suck. The Lakers Suck. The Lakers
Suck. The Lakers Suck. The Lakers Suck. The Lakers Suck. The
Lakers Suck. The Lakers Suck. The Lakers Suck. The Lakers
Suck. The Lakers Suck. The Lakers Suck. The Lakers Suck. The
Lakers Suck. The Lakers Suck. The Lakers Suck. The Lakers
Suck. The Lakers Suck. The Lakers Suck. The Lakers Suck. The
Lakers Suck. The Lakers Suck. The Lakers Suck. The Lakers
Suck. The Lakers Suck. The Lakers Suck. The Lakers Suck. The
Lakers Suck. The Lakers Suck. The Lakers Suck. The Lakers
Suck. The Lakers Suck. The Lakers Suck. The Lakers Suck. The
Lakers Suck. The Lakers Suck. The Lakers Suck. The Lakers
Suck. The Lakers Suck. The Lakers Suck. The Lakers Suck. The
Lakers Suck. The Lakers Suck. The Lakers Suck. The Lakers
Suck. The Lakers Suck. The Lakers Suck. The Lakers Suck. The
Lakers Suck. The Lakers Suck. The Lakers Suck. The Lakers
Suck. The Lakers Suck. The Lakers Suck. The Lakers Suck. The
Lakers Suck. The Lakers Suck. The Lakers Suck. The Lakers
Suck. The Lakers Suck. The Lakers Suck. The Lakers Suck. The
Lakers Suck. The Lakers Suck. The Lakers Suck. The Lakers
Suck. The Lakers Suck. The Lakers Suck. The Lakers Suck. The
Lakers Suck. The Lakers Suck. The Lakers Suck. The Lakers
Suck. The Lakers Suck. The Lakers Suck. The Lakers Suck. The
Lakers Suck. The Lakers Suck. The Lakers Suck. The Lakers
Suck. The Lakers Suck. The Lakers Suck. The Lakers Suck. The
Lakers Suck. The Lakers Suck. The Lakers Suck. The Lakers
Suck. The Lakers Suck. The Lakers Suck. The Lakers Suck. The
Lakers Suck. The Lakers Suck. The Lakers Suck. The Lakers

Suck. The Lakers Suck. The Lakers

Suck. The Lakers Suck.

Chapter 5: Are you sure?

The Lakers Suck. The Lakers Suck. The Lakers Suck. The
Lakers Suck. The Lakers Suck. The Lakers Suck. The Lakers
Suck. The Lakers Suck. The Lakers Suck. The Lakers Suck. The
Lakers Suck. The Lakers Suck. The Lakers Suck. The Lakers
Suck. The Lakers Suck. The Lakers Suck. The Lakers Suck. The
Lakers Suck. The Lakers Suck. The Lakers Suck. The Lakers
Suck. The Lakers Suck. The Lakers Suck. The Lakers Suck. The
Lakers Suck. The Lakers Suck. The Lakers Suck. The Lakers
Suck. The Lakers Suck. The Lakers Suck. The Lakers Suck. The
Lakers Suck. The Lakers Suck. The Lakers Suck. The Lakers
Suck. The Lakers Suck. The Lakers Suck. The Lakers Suck. The
Lakers Suck. The Lakers Suck. The Lakers Suck. The Lakers
Suck. The Lakers Suck. The Lakers Suck. The Lakers Suck. The
Lakers Suck. The Lakers Suck. The Lakers Suck. The Lakers
Suck. The Lakers Suck. The Lakers Suck. The Lakers Suck. The
Lakers Suck. The Lakers Suck. The Lakers Suck. The Lakers
Suck. The Lakers Suck. The Lakers Suck. The Lakers Suck. The
Lakers Suck. The Lakers Suck. The Lakers Suck. The Lakers
Suck. The Lakers Suck. The Lakers Suck. The Lakers Suck. The
Lakers Suck. The Lakers Suck. The Lakers Suck. The Lakers
Suck. The Lakers Suck. The Lakers Suck. The Lakers Suck. The
Lakers Suck. The Lakers Suck. The Lakers Suck. The Lakers
Suck. The Lakers Suck. The Lakers Suck. The Lakers Suck. The
Lakers Suck. The Lakers Suck. The Lakers Suck. The Lakers
Suck. The Lakers Suck. The Lakers Suck. The Lakers Suck. The
Lakers Suck. The Lakers Suck. The Lakers Suck. The Lakers
Suck. The Lakers Suck. The Lakers Suck. The Lakers Suck. The
Lakers Suck. The Lakers Suck. The Lakers Suck. The Lakers
Suck. The Lakers Suck. The Lakers Suck. The Lakers Suck. The
Lakers Suck. The Lakers Suck. The Lakers Suck. The Lakers
Suck. The Lakers Suck. The Lakers Suck. The Lakers Suck. The
Lakers Suck. The Lakers Suck. The Lakers Suck. The Lakers
Suck. The Lakers Suck. The Lakers Suck. The Lakers Suck. The
Lakers Suck. The Lakers Suck. The Lakers Suck. The Lakers

Suck. The Lakers Suck. The Lakers Suck. The Lakers Suck. The
Lakers Suck. The Lakers Suck. The Lakers Suck. The Lakers
Suck. The Lakers Suck. The Lakers Suck. The Lakers Suck. The
Lakers Suck. The Lakers Suck. The Lakers Suck. The Lakers
Suck. The Lakers Suck. The Lakers Suck. The Lakers Suck. The
Lakers Suck. The Lakers Suck. The Lakers Suck. The Lakers
Suck. The Lakers Suck. The Lakers Suck. The Lakers Suck. The
Lakers Suck. The Lakers Suck. The Lakers Suck. The Lakers
Suck. The Lakers Suck. The Lakers Suck. The Lakers Suck. The
Lakers Suck. The Lakers Suck. The Lakers Suck. The Lakers
Suck. The Lakers Suck. The Lakers Suck. The Lakers Suck. The
Lakers Suck. The Lakers Suck. The Lakers Suck. The Lakers
Suck. The Lakers Suck. The Lakers Suck. The Lakers Suck. The
Lakers Suck. The Lakers Suck. The Lakers Suck. The Lakers
Suck. The Lakers Suck. The Lakers Suck. The Lakers Suck. The
Lakers Suck. The Lakers Suck. The Lakers Suck. The Lakers
Suck. The Lakers Suck. The Lakers Suck. The Lakers Suck. The
Lakers Suck. The Lakers Suck. The Lakers Suck. The Lakers
Suck. The Lakers Suck. The Lakers Suck. The Lakers Suck. The
Lakers Suck. The Lakers Suck. The Lakers Suck. The Lakers
Suck. The Lakers Suck. The Lakers Suck. The Lakers Suck. The
Lakers Suck. The Lakers Suck. The Lakers Suck. The Lakers
Suck. The Lakers Suck. The Lakers Suck. The Lakers Suck. The
Lakers Suck. The Lakers Suck. The Lakers Suck. The Lakers
Suck. The Lakers Suck. The Lakers Suck. The Lakers Suck. The
Lakers Suck. The Lakers Suck. The Lakers Suck. The Lakers
Suck. The Lakers Suck. The Lakers Suck. The Lakers Suck. The
Lakers Suck. The Lakers Suck. The Lakers Suck. The Lakers
Suck. The Lakers Suck. The Lakers Suck. The Lakers Suck. The
Lakers Suck. The Lakers Suck. The Lakers Suck. The Lakers
Suck. The Lakers Suck. The Lakers Suck. The Lakers Suck. The
Lakers Suck. The Lakers Suck. The Lakers Suck. The Lakers

Suck. The Lakers Suck. The Lakers

Suck. The Lakers Suck.

Chapter 6: More So Than Others?:

The Lakers Suck. The Lakers

Suck. The Lakers Suck. The Lakers Suck. The Lakers Suck. The
Lakers Suck. The Lakers Suck. The Lakers Suck. The Lakers
Suck. The Lakers Suck. The Lakers Suck. The Lakers Suck. The
Lakers Suck. The Lakers Suck. The Lakers Suck. The Lakers
Suck. The Lakers Suck. The Lakers Suck. The Lakers Suck. The
Lakers Suck. The Lakers Suck. The Lakers Suck. The Lakers
Suck. The Lakers Suck. The Lakers Suck. The Lakers Suck. The
Lakers Suck. The Lakers Suck. The Lakers Suck. The Lakers
Suck. The Lakers Suck. The Lakers Suck. The Lakers Suck. The
Lakers Suck. The Lakers Suck. The Lakers Suck. The Lakers
Suck. The Lakers Suck. The Lakers Suck. The Lakers Suck. The
Lakers Suck. The Lakers Suck. The Lakers Suck. The Lakers
Suck. The Lakers Suck. The Lakers Suck. The Lakers Suck. The
Lakers Suck. The Lakers Suck. The Lakers Suck. The Lakers
Suck. The Lakers Suck. The Lakers Suck. The Lakers Suck. The
Lakers Suck. The Lakers Suck. The Lakers Suck. The Lakers
Suck. The Lakers Suck. The Lakers Suck. The Lakers Suck. The
Lakers Suck. The Lakers Suck. The Lakers Suck. The Lakers
Suck. The Lakers Suck. The Lakers Suck. The Lakers Suck. The
Lakers Suck. The Lakers Suck. The Lakers Suck. The Lakers
Suck. The Lakers Suck. The Lakers Suck. The Lakers Suck. The
Lakers Suck. The Lakers Suck. The Lakers Suck. The Lakers
Suck. The Lakers Suck. The Lakers Suck. The Lakers Suck. The
Lakers Suck. The Lakers Suck. The Lakers Suck. The Lakers
Suck. The Lakers Suck. The Lakers Suck. The Lakers Suck. The
Lakers Suck. The Lakers Suck. The Lakers Suck. The Lakers
Suck. The Lakers Suck. The Lakers Suck. The Lakers Suck. The
Lakers Suck. The Lakers Suck. The Lakers Suck. The Lakers
Suck. The Lakers Suck. The Lakers Suck. The Lakers Suck. The
Lakers Suck. The Lakers Suck. The Lakers Suck. The Lakers
Suck. The Lakers Suck. The Lakers Suck. The Lakers Suck. The
Lakers Suck. The Lakers Suck. The Lakers Suck. The Lakers
Suck. The Lakers Suck. The Lakers Suck. The Lakers Suck. The
Lakers Suck. The Lakers Suck. The Lakers Suck. The Lakers

Suck. The Lakers Suck. The Lakers

Suck. The Lakers Suck. The Lakers

Suck. The Lakers Suck. The Lakers

Suck. The Lakers Suck. The Lakers

Suck. The Lakers Suck.

Chapter 7: Ok, I get it…

The Lakers Suck. The Lakers

Suck. The Lakers Suck. The Lakers

Suck. The Lakers Suck. The Lakers

Suck. The Lakers Suck. The Lakers

Suck. The Lakers Suck. The Lakers

Suck. The Lakers Suck.

Epilogue: Final Declaration

The Lakers Suck.

The End.

Printed in Dunstable, United Kingdom

68243322R00037